JN419089

가만히 불러 보는 이름

가만히 불러 보는 이름

함진원 시집

문학들

　어제는 가을을 부르는 비가 내렸다. 계절을 모아 공손한 마음으로 꽃씨를 받으면서 다시 내일을 품에 안았다. 지금까지 살아낸 것도 살아갈 날도 기적이며 축복이다. 오랫동안 견딘 시간이 4번째 시집으로 다시 태어나 피붙이처럼 곁을 지켜 주었으니 고맙기만 하다.

　오랜 겨울을 보내면서 마음은 의지할 데 없이 쓸쓸했지만, 고요가 깃들면서 캄캄한 밤은 지나고 아침이 왔다. 아침이 오는 길목에 꽃씨를 심으려고 한다. 힘들고 지친 순한 사람들과 환하게 웃고 싶다.

　풍경은 안식처이며 애면글면 함께 손잡고 가는 도반이어서 편안하다. 서로 다독여 주는 가족에게 고마움을 전한다. 행복한 나비를 찾아 어린 봄, 손을 잡고 훨훨 걷고 싶다.

2025년 11월

함진원

차례

제2부

제4부

제1부

손을 잡아요

혼자 된 혼자가 된 혼자 있을
그대는 용기가 있는 사람이었지요
이제나 저제나 기다리고 있을
바람 불고 비가 내려도 어느 때나
곁에서 말없이 준비해 놓은 걸
너무 늦게 알았어요
후회가 산을 넘고 들을 지나 새털구름으로 가버린 젊은 날
그리움으로 다가오는 십이월 찻물 끓이는 소리 좋은 요즘
그대 한 모금 나도 한 모금
차가 있고 나무 그늘과 모란 피는 날 기다리며
겨울을 보내요 그리고
서로 손을 잡아요

약속은 꿈으로 남고

마지막 여행이 될 줄 모른다면서 차에 오른
딸들의 말간 해는 눈이 부시는데
한쪽으로 쏠린 어둠의 남편은 겉으로는 즐거운 척
통통 튀는 노래를 틀었지만, 서로 먼저랄 거 없이
그냥 바다나 보고 오게요
그럼 컵라면 먹어도 돼요
아이들은 신이 난 손을 꼭 잡고
차 안에 부푼 어둔 공기를 환하게 밝히는 중인데
사람 사는 것이 마음대로 되지 않는 게 많네
살 만하면 아프다드만, 열심히 산 시간이 허허로워
오랜만에 바깥바람 쐬고 이루지 못한 약속,
물결치는 바다에 꿈으로 묻고 돌아섰다

당신이 했으니 좋은 일이지

큰 지출을 하고 나면
아픈 얼굴을 살필 때 있다

광장에서 한마음으로 간절히 외치면서
속이 타는 날 누군가 마음을 열어야 할 때
기분 좋은 마음으로 따순 밥 대접하고
집으로 돌아와
가슴 쓸어내린 저녁

달그락거리며 밥을 먹으면서
잘했네 누군가 주머니 여는 것이 힘들 텐데
당신이 했으니 좋은 일이지

일기를 쓰면서 마지막 문장이 아프다
잘했다고 하니 더 미안하다

가을이 돌아서서 울었다

딱히 갈 데는 없는데 한 번씩 가끔 속이 뒤집어지는 날
맥없이 힘들어 시외버스 정류장에 나서면
문득 친구와 함께 갔던 예산 장날이 생각나기도 하고
엄마 간 길 나도 가고 싶은 막다른 마음에 다다른다

사람은 무엇으로 사는가 혼자서 묻는
똑같은 시간을 넘어 훌훌 발길 닿는 곳은 어디일까
화순 보성 율포 녹동 장흥 보성녹차밭 마량 관산 회진 대
덕 어디로 가랴

눈에 익은 이름들 사이로 화순장 서리태 콩물 국수도 먹고
만연산의 양떼목장에 구름도 몰고
무등산 이서마을의 카페도 갔었지만

곡성장 순대처럼 새까만 속을 알 수 없는
사람이 사는 이유,

어느새 가을이 돌아서서 울었다

밤이 지나고 있다

어둔 밤 어린 사랑 손잡고 유리 차를 탄다. 사방은 캄캄하고 아이들 눈만 반짝이는데, 유리에 갇힌 마음은 어둠을 뚫을 듯 나무 사이로 달린다. 사파리에 오신 것을 환영합니다, 둥둥 심장은 뛰고 소리 끝에 매달려 따라온 비명, 뱅글뱅글 도는 어지러움, 집만 한 호랑이가 크어엉 출정하자 아이들 어른 할 거 없이 한 무더기 긴장을 문다. 유리를 깨고 덮칠 수 있는 사자 갈기 앞에서는 질끈 감은 실눈. 아이들은 난리법석이다. 느리게 걷는 곰을 피해 유리 차는 달리고 동물들 여기서 불쑥 저기서 불쑥, 정신이 하나 없는 사파리 체험을 하며 "이걸 참으면 어른이 돼도 안 무서울 거야"하고 다독인다. 말은 그렇게 하면서 어른인 나도 온몸에 뿔 달린 괴물 꿈 안 꿀란가 걱정한다. 눈발이 내릴 듯하다. 크어엉 소리 따라오는 사파리. 눈 뜨면 혼돈은 허공을 잡는다.

사막여우 속눈썹은 잘 있을까

맨발이었어
그럴 일이 있었어
욕이 나오는 걸 틀어막으니까
시퍼런 뻘이 나와 출렁거렸어
해가 뜨거웠으므로 사막으로 살았지
온몸에 가뭄이 들었어
말라 죽은 줄 알았는데 살아 있었네

와온에 스미고 싶어

알람 소리 못 듣는
죽음보다 깊은 잠, 자고 싶어
막막한 불안이 없다면 거짓말이야
형벌 같은 일이지
인간애가 없으니
아무 맛도 나지 않는
기계로 산 지 오래

빈집에 사막여우가 찾아왔는데 먹을 게 있어야지

그냥 그림만 그려 줬어
아이스크림, 잘 익은 수박, 따순 찐 감자
참 이상해 과자 들고 우는 아이가 보여
검은 개 입 벌리고 달려와

초록별이 받아 주었나
사막여우 속눈썹에 떨어졌는가

저녁은 먹고 가요

수국 핀 늦밤에 안부를 물어도 되는지요
안부를 주머니에 넣고 다니면서
가끔씩 드렸는데 모르셨나 봅니다

사는 것이 요즘 그렇습니다만
겸손하게 살려고 노력 중인데
노력만 해서 되는 일은 아닌 것 같습니다

아직 팡파르를 울릴 때는 아니고요
열대야 견디느라
시간이 지체되고 있습니다
애를 써야 될 시간이 남아 있어
다행을 삼키며 즐겁게 웃습니다
웃음 사이로 밤을 모은 환한 말이 손잡아 주네요

고구마순 김치, 가지나물, 얼갈이 두부 된장국, 깻잎조림,
감자조림, 미역 오이냉국, 죽순나물, 꽈리고추 멸치조림,
무채지, 열무김치, 두부전, 묵은지 고등어 조림, 달걀찜

당신이 좋아하는 반찬은 있는가 모르겠습니다만
모처럼 따습게 저녁은 먹고 가요

시간을 머금은 문장

말 없는 백합 앞에서 마음이 파도를 친다
무료한 시간을 만져 은은한 향기 주는
네게 받기만 해서 미안하고
푸념도 한 아름 감당해 줘서 고맙기도 했지
이제야 말인데 네게 줄 수 있는 거라곤
마음에서 우러난 문장 몇 개,
어릴 적 방학 때 다독상으로 받은 에밀이야
차라리 못 읽는 책보다
이를테면 볼펜이나 강냉이 튀밥 같은 거라도 주면
좋았을 거라고 생각했던 그 책을
너에게 내민다
오십 년이 넘은 시간을 머금고 있는
힘이 되는 문장으로 네게 스미면 좋을 텐데
세로줄 편집의 글자가 읽힐지는 몰라
마음의 거울 꺼내 닦아야
보일 수 있을지, 사람마다 풍경이 달라서
먼저 이해하라고 말하지는 않겠어

자연은 예술에 양분을 주는 영원히 위대한 왕국*

폭염을 데리고 칠선계곡에나 다녀와야겠구나

* 에드바르드 뭉크

망초꽃 앞에서

젖은 시간으로 살기는 아까워서
젖 먹던 힘으로 살다 본께
살림이 늘어나 있더라

말 안 해도 요즘 힘든 줄 안다
자꾸 눈에 밟혀서 걱정도 되고
책을 읽는 등에 근심이 많게 보여
너무 애쓰지 말어
마음고생 많은지 웃음소리 없어지고

뭔 일이 있긴 있나 본데
마음 졸여서 못 살겄다고 월성댁이
분꽃마냥 씨부렁거려야
수국꽃 핀 지도 모르고
내 그림자 보고 놀라면서 살았어
젊음이 가버렸다고 망초꽃 앞에서 울기도 했제

뒤돌아보지 말고 가야 해
뜨건 밥에 된장국 훌훌 마시고

일어나거라
힘들고 못 살것으면 항꾸네 살면 되제

뜨락

어제는 커피로 살았고
오늘은 배고픈 슬픔이 집까지 따라왔다
오전에는 비가 쏟아져 도서관에 못 갔고
오후는 언제 그랬냐 해가 쨍쨍하다

호미 들고 마당에 나갔지만
풀도 살고
나도 살자고
단풍나무 아래서 살구는 열까 안 열까
궁리하다 스르르 잠이 왔다

옥수수는 키만 자라고
장마와 상관없이
백일홍은 붉어진 주머니를 열었다
세상은 점점 힘들어지는데
그래도 밥을 했다

죽음은 홀연히 찾아들 텐데
된장국에 수저 적시는 소리

살아 있어서 좋은지
고통인지 알 수 없는
아득한 여름이 휘청거리며 땀을 흘린다

내일은 없다

이제는 외따롭다
일인분 식사 되는가요?
너무 쓸쓸한 말, 일인 식사

이제는 스스로 내가 나를 보호자 되어 주고 싶은 날
사랑은 기다렸는데
못 들은 척 외면한 걸 후회한다

비 오는데, 낡은 시간을 불러와 빗소리 들으면서
살아온 이야기랑 후회되는 일이랑 되뇌면서
다시 냉이꽃 같은 기차를 타고
외따로운 시간으로 돌아가리

막차를 타고
낡아서 더 좋은,
일인이 사는 집
내일은 기다리지 않죠
아직은 할 일 많은 나이에
성근진 사람이 또 먼 길 가고

헛헛한 날, 동지를 잃은 목련 한 그루

나를 부탁하였다

단아한 마음을 주던 단화가 멈췄다
하루 종일 사납게 내린 비를 뚫고
내일모레로 미루면 장마 온다고 해서
수선을 의뢰하러 갔다

오래전, 방학이 끝나도
놀러 못 가서 미안했었다
여름철 단골 메뉴인 귀신 영화,
겁 많은 나는 식은땀이 나는데
막내는 오히려 영화가 심심했다고 했었다
나는 무서움이 화근이었는지 발을 헛디뎠다
인대 후유증으로 고생하는 발을
편안하게 도와준 신발이었다

수선이 어렵다고 했다
수선을 피우면서 수선하러 갔는데
따순 일에 자주 신었던 단아한 낡은 구두를
버리지 못하고
날씨 좋은 날만 나를 부탁하였다

모란잎 가을비

가을비 그치고 모란잎 바래어가네
마른 잎 기억 사이로 한 자락 무너진 꿈이
삐죽이 나와 먼 마을로 가는데
구붓한디 입맛 다실 부침개는 없는가
부추 양파 양배추 없는 거 빼고 다 넣어
빗나간 허세 밑줄 그어가며
고집부리며 내 말은 좀체 안 듣더니
거기에 더 짙은 밑줄, 부침개는 노릇노릇 익어가는데
오늘은 약간 쌀쌀하고 차분차분하여
축복의 언어가 곁에 머문 기분 좋은 한마음
신산한 겨울 초입에 반가운 얼굴 식탁에 앉는다
어서 와 오는 길 안 추웠어 따뜻할 때 먹으렴
때마침 들어서는 아들의 배경으로
모란잎은 그늘로 남고 눈물은 가슴으로 저민다

집은 멀리 있다

훌훌 털어 냈다 정갈한 삶이
은빛으로 반짝이리라 기다렸는지 모른다
고래 심줄보다 질긴
썩어 문드러진 속은 남아 있는가
시원하게 쏟아지는 소리가 듣고 싶었다
시디신 눈물을 가방에 담고
쓰다만 계절을 내려놓았다

잃을 것도 버릴 것도 없는
눈이 곧 내릴 거 같애
바라는 것은 멀리 있는 게 아니었어
내가 바람의 손을 놓아버린 게 잘못이었지
코스모스 길은 그대로인데
저기 보이는 곳이 무릉이야,
어린 눈물에게 같이 갈까
눈물도 아픔도 없는 저곳을 가리킨다

아이의 뒷걸음치는 놀란 눈을 보고는
니가 에미냐 살라고 해야지 살라고 하면 왜 못 살아

시푸런 저 물도 떨어질 때는
온몸이 멍뿐이어도 말없이 자기 일을 하는데
죽을힘으로 살아 이렇게 좋은 세상에서 암만 살아야지
제 할 일에 열심인
단풍나무를 보고서야 살아야지

손바닥이 아프다

마당에는 풀을 심는 바람이 따로 있는지
자고 나면 어디서 날아온 풀이 수북수북
어린 꽃나무 보이지 않고 환삼넝쿨 춤추고 있다

대문 들어서는 정순이 할머니 뭔일이란가
뜩뜩 뜯어 눕히는 손이 기계처럼 빠르다
살살 심어 보라고 씨앗을 챙겨서 주는데
배추씨는 이렇고 무씨, 갓씨, 파 종자
심는 때가 있은께 입으로 말하면서
손은 풀 뜯어 길을 내는데 귀신보다 더 빠르다

풀 매면서 손바닥이 아픈 지 여러 해
육철낫, 정전가위, 호미 여러 자루, 톱, 갈퀴, 쇠스랑,
삽, 괭이, 모자, 장갑, 장화, 예초기는 녹슨 지 오래
한 사람의 힘이 참 크긴 하네
다리는 왜 부러져가지고
아쉬움에 속상해서 머리 풀고 하늘로
기어오르는 풀을 보고만 있다

풀 없애는 방법을 연구만 하다
수확은 없이 풀만 무성한
감나무 아래에서 심란하게 있는데
나, 가요. 해 넘어가기 전에 얼른 심으소
흙을 무서워하면 손바닥도 안 나은께

제2부

돌아오는 사람

새벽 플랫폼은 멀리 달아나는 배암

물어라 배암 달아나는 꼬리를 잡아 구차한 입
벌리고 발버둥 치며 내가 한 일이 아니라고
끝까지 반성문을 쓰지 않는 밤
회한을 물고 건너는 마음 기차에 싣고

저녁 플랫폼은 집으로 돌아오는 긴 협곡

놓아라 배암 떠나는 사람보다 돌아오는 사람
더 많은지 어둠 내린 플랫폼은 언제나
비틀거리는 취객이다

희망

솔부엉이는 산으로 가고

산양은 울타리 넘어 들판으로 가고

우리는 산으로, 들판으로 못 가고

양심을 들고 광장으로 간다

시칠리아노*

깃발 든 일행 잘못 따라가 광장에는 사람 속에
깃발만 가득해서 일행은 보이지 않고
빈 들판에 떨어진 목울음처럼 즐거운 여행은
무서움이 혼자된 상상으로 고통이었다
전화를 받고 익숙한 목소리에 다리가 풀린
미아가 된 그날 가끔 떠올리면
혼자 갈 수 없다는 생각과 집으로 반드시
가야 한다는 생각 사이로 수많은 인파를 뚫고
이름을 부르면서 알록달록 옷 사이로 벌판에
눈 맞고 걸어가는 미루나무 손 흔들며
귀가 어두워 못 듣는 시칠리아노가 되었다
괴물 폭우와 괴물 폭염으로 숨쉬기 어려운 날
일행을 잃어버렸던 그날과 많이 닮았다

* 시칠리아 농민들의 춤곡에서 발전했으며 느린 템포와 목가적 우울한 분위기가 특징

바디메오 목소리

천막 농성장에 가는 아침 살아 있으니
밥 차리고 따숩게 국 뎁힌다
국이라야 팽이버섯 넣고
두부 넣어 끓인 된장국이지만
속 시끄러울 때는 뜨건 된장국에 밥 말아서
묵은지 얹어 훌훌 먹는 것이 시원하다

가끔씩 속 시끄러울 때 두부된장국,
기가 막혀 귀까지 터져도 큰일 앞두고
작은 흠이라도 생기면 안 돼서 머리 감고 말간 옷을
단정히 입으면 언 속이 힘을 내라고 한다
기막힌 일이 생기면 귓속도 먹먹해져서
소리가 안 들린다 귓속에 함성이 모여 사는지
기가 막혀서 그런지 소리를 삼킨 귀가
열리지 않는다

구름 위에 둥둥 떠다니는
마른 수초가 되어 바디메오처럼
나는 더욱 크게 외치면

네 믿음이 너를 살렸느니라,

음성이 들리리

우리가 한마음이 이루었으니

또, 또또

밥시간을 놓치고 간단한 한 끼로는 빵과 우유, 아니면 샌드위치와 커피 한 잔으로 숨을 고르고 잠깐이라도 의자에 허리를 대고 다음 일을 위해 나가는 하나의 쉼터에 요즘 가지 않는다 대체식이 마땅하지 않으면 집에서 당근 몇 조각 과일 조금 광장이나 도서관 휴게실을 이용하면서 불편을 자주 연습하면 편리로 바뀌는 것을 알게 된 후 외출이 힘들지 않다 또 사고가 또, 또, 또또 자본의 민낯이 드러날 때마다 고쳐지지 않는 혼자서 일하다 생기는 사고들. 지배 구조는 돈을 쓸어 모아 최상의 삶을 살아도 법은 어디로 갔는지 인간은 법 앞에 평등하다는 것을 앵무새처럼 말하지만 법은 힘 있는 사람들의 방패막인가 성실히 일한 죄밖에 없는데 아무리 발버둥 치며 살아도 적막한, 하나밖에 없는 목숨을 지키는 법. 완반기로 쓸려 갈 때 인간은 야누스, 이제라도 인간답게 살아 봐야죠 거기 누구 없소 억울하다고 소리 내지도 못한 세상에서 죽음으로 생을 마감했는데 먼지도 못 가져가는 거 알면서 왜 모른 척 혼자만 잘살면 그만인가요

여린 달 손을 잡고

습한 일상이 계속되면서 건기의 말은
더 질겨진 말을 물고 불구름으로 돌아다녔다

다시는 그곳에 가지 말아야 해 목소리 없는 밤이
힘든 날로 줄 지어서 찾아왔다

고개 숙인 계절과 멀어지는 계절 사이로,
여린 달 손을 잡고 귀가한 날은 냉정한 말도 품을 수 있었다

하늘도 하고 싶은 이야기 많은지,
플라스틱 눈물 덩어리 내리더니 괴물 폭우로 이름을 남긴 날

상처와 가시를 남기고 괴물 폭염이 사라진 후
순한 밥상과 담백한 하루가 따수어서 좋았다

부드러운 고드름

남태령 고개를 넘고 넘는다
눈 내리면 눈 맞으면서 바람 불면 바람 먹고
트랙터 앞세워 요단강 건널 각오로 나아간다
야반도주한 무성한 말들이
돌아갈 길을 잃어버린 십이월 삼일 밤

한 걸음도 한 발짝도 물러서지 않는다
눈 맞는 그대들이 부처요 하나님이다
안중근 의사가 앉아서 울고 있다
관순 언니 나눠 진 독립을 붙들고
우리는 마음을 다하고 기다리리라
푸른 희망만 있으면 눈사람이 되어도 좋다

조금만 더 힘을 내자 차디찬 바닥에서
고드름이 돼도 우리의 소원은 민주주의!
인도양 대서양 가자지구까지 들리도록
엄마 잃은 아가야 엄마 손잡고
고향으로 가지 못한 우리도
사는 것이 사는 게 아니란다 피맺힌 울음소리

다시 보내고 지리산 악양 들판
섬진강 얼음물로 허기 채워도
가슴에 숨긴 태극기, 죽으면 죽으리다

오늘 이 땅에 전봉준을 모르는가
무엇이 겁나랴, 합심하면 우리는 해낼 수 있어
우리는 하나, 썩은 동아줄을 잘라야 할 때
피 묻은 민주주의 찾기 위해
우리는 하나로 새 희망으로 횃불을 들었다

비에 젖은 것들은 그리움으로 온다

지상의 거처를 옮길 때가 되었다
비에 젖은 것들은 그리움을 물고 오는데
스스로 입 열어 맑은 말 하는 청춘은
봄을 만나지 못한 채
몽환의 일기에 더 이상 버틸 수 없어
살고자 하면 죽고
죽고자 하면 사는
아우내 만세 소리 소리가 들려
비에 젖은 것들은 그리움을 물고 떠나는데
지상의 거처를 옮길 때가 되었다

하늘은 있다는 말

칠흑같이 어두운 밤을 살리고 싶었다
물때를 계속 살피면서 신호를 보내면
쫓기고 쫓겨 동학군들의 목숨이 경각에 달려 있을 때
절체절명의 순간
비바람 불고 사나운 날
별이 살고 있는 마을로 가는 길
배가 뒤집힐 정도로 강풍이 불어야 노를 저어가는

　금일, 생일, 신지, 약산, 바위섬, 나그네섬, 부엉이섬,
　뻐꾸기섬, 소나무 울창섬, 안녕섬, 불귀섬, 비자림섬,
　갈매기섬, 쑥섬, 나그네섬, 효자섬, 부부섬, 까마귀섬.
　어디든지 닻을 내려 살기만 바랐다

한 사람이라도
단 한 명이라도
돌바람 부는 칠흑 같은 밤이 고마웠다고
하늘은 있다는 말을 믿으면서
노를 저어 나간 소년 뱃사공

아리랑을 부른 날

아리랑 아리랑 아라리요
아리랑 노래 부르면
자운영꽃 찾으러 간 삼촌이 보인다

아리랑 아리랑 아라리요
아리랑 노래 끝났는데
오월 행불자 소식은 없다

아리랑 아리랑 아라리요
아리랑 고개고개 넘어서
취준생들은 도서관으로, 아르바이트로
세상으로 가는 길 멀기만 하네

아리랑 아리랑 자주 부르면
동주 시인 생각나고요
목 놓아 부른 희망은 멀어지고
가난은 가난으로 내몰려서
풀뿌리 민주주의는 어디로 숨었니

아리랑 아리랑 아라리요
슬픔은 진하고 우울은 엷다는 건 사실인가*
내일 지나면 크리스마스,
울면 안 돼 캐롤송은 들리지 않는다

아리랑 아리랑 아라리요
남태령 고개를 넘지 못하고
등신불로 눈 맞고 있는 광장은 왜 울고 있는가

* 파블로 네루다, 『질문의 책』

비비새가 비비비 우네

올해는 아픈 소식이 많네
해결된 것 없으니 참척의 시간을
보내는 얼굴 빗방울에 어린다
물살 깊고 수영도 못한 앳된
폭우가 폭우를 불렀을까
하마가 입을 벌린 슬픔이 산을 넘는다

사방이 죄로 차고 넘는데
땅에는 슬픔을 먹고 자란 억울함을 싣고
키만 멀뚱히 큰 세상이 어지럽게 돌고 있다
슬픔이 태어나면 슬픔이 자라
슬픔으로 다시 어른이 되고
일하고 일하다 새벽을 맞도록 일해도

비를 못 피하고 집으로 가지 못한
국화를 물고 날개 잃은 슬픔이
엄마, 엄마아아아

곁

입춘, 지났어도 춥기는 춥습니다
세상 길 얼었는데 오는 사람이 있을지
눈만 내놓고 돌아서 가는 길
없는 것 빼고 다 있는 만물상에서
잃어버린 별 가슴에 묻고
시린 하늘만 보았습니다
숨이 붙어 있어서 살았습니다
신기루처럼 사라져버린 수많은 울음소리
이 땅에서 겪은 눈물들 생각하면 애잔합니다
입춘, 지났어도 춥기는 많이 춥습니다
봄은 오는데 애달픈 얼굴 떠오르는 저녁입니다
새소리 들으며 묵언 중인 동백 곁에
깊은 외로움이 붉기만 합니다

회칠한 무덤

틀려도 한참 틀렸다
같은 듯 다르고 다른 듯 같은
영원히 죽을 수 있고
영원히 살 수 있는
눈 가리고 아웅하는 아바타
불면이 불면증을 낳는 세상
소음이 쏟아진다
풍요 속에 빈곤은 넘쳐
유통기한 한참 지난 냉장고
부패는 또 다른 부패가 된다
허깨비 깨비만 쌓인 거리
장대비 퍼붓는다
허수아비 춤춘다
어둠이 온 줄 모르고
먹기만 하다 빵 터져버린
자본의 끝자락
천지가 출혈이다
흔들리고 있다
마지막 신호음 울린 지 오래

붉은 울음

폭우와 폭염이 다녀간 뒤로
이런저런 소식들 쌓여만 가고
따순 사람은 어디 가서 안 오는지
배롱나무에 부끄러운 양심 심었더니
붉은 울음으로 태어났다

물처럼 맑게 살다 간 착한 사람들
무궁화 삼천 리 목메게 불렀을
가슴 시린 망향의 설움으로
조국 땅에 왔건만
비 맞고 걸어도 속은 시끄럽고
그리운 금강산 부르니
곧은 목소리 또렷하게 들린다

추석은 돌아오는데 한마음으로
보름달 볼 수 있을지
홍범도 장군 만세를 외치는데
자꾸만 자꾸만 눈물은 왜 나는지

사는 일 힘들면 어디엔들 못 가랴

세상과 섞이지 못한 날
몇 잎의 서러운 이야기를 보듬고 길을 나선다
강물이 불러 주는 대로 일정을 적고
마음 상한 일 덜어내며
미루나무도 목젖 보이게 웃는 따스한 그곳
이번 생은 아무리 골똘히 생각해도
잘못 든 길에서 허우적거리다 지친
얼룩진 상처 누군들 없겠는가
풍경은 또 다른 풍경으로 평온을 주고
어제는 실천이 부족했으며
오늘은 먹먹한 소식 넘치는데
하늘은 높고 어린 모 다릿심 짱짱하게
오월의 비망록을 받들고 있다
비바람 들이치는 날
메타세쿼이아 푸른 말 따라가면 외따로이
절명시 남기고 요절한 곧은 절개 앞에서
진실은 예나 지금이나 변함없다는 것을
느린 밤기차는 능주 지나 몽탄으로 더 먼 곳까지
우리들의 연대기는 새롭지 못하였고

지리멸렬함으로 남아 지혜는 부족한 시절
사는 일 힘들면 어디엔들 못 가랴

제3부

풀잎

바람에 사운대며 노래하더니
가는 울음으로 해를 부른다

해는 바람 뒤에 숨고
나는 풀잎을 따라 계절 뒤에 서 있다

갈 테면 가라지 허우적대다 달 따라 가는 길

지친 하루가 순해진 망초꽃 화관을 쓰고
민들레 홀씨 되어 조용히 집에 들어선다

물푸레나무 자라고 있다

귓속 물관부에 돌이 숨어 있었나 봐
물푸레나무 푸른 꿈 키우고 있었을까

자꾸만 돌돌돌 소리 나는 쪽으로
구멍 밖이거나 안이었을 가운데 어디쯤에서
개여울 소리 듣고 자란
바닷길 일몰, 한 겹씩 덮고 돌아누우면
숨죽인 상사화 물결 찰방찰방,
쌍봉사 은행나무 곁에 다랑포 따오기 부부 정다운 소리

아버지 들뜬 목소리 울창한 담벼락 사이로
유년의 뜨락에 피지 못한 채 엄마 기다린 눈물 꽃
어둠이 왔는데 엄마 베개를 끌어안고 자는 소리
귓바퀴 아래까지 달려 나와
만국기처럼 펄럭거리는 정월 세수하는 소리
미나리 밭에서 희망이 거머리처럼 달라붙어
떨어지지 않는 소리

귓속 물관부 어디쯤 돌이 숨어 있었나 봐

물푸레나무 푸른 꿈이 자라고 있어

꽃차를 만들면서

메리 메리 메리야 며칠을 찾아도 돌아오지 않은
메리 메리가 골드였는데 온 정성으로 키운 메리를
잃어버리고 밥하다 울면서 어디 갔을까 내 강아지
가을이 돌아오면 스멀스멀 생각 나 힘들게 한다

가을이 오면 그랬다 메리 나가고 아팠던 동생은
하늘에 별이 되었다가 다시 땅이 되었지
작은 손 모으고 노래 나오면
손뼉 치던 너 없이 못 산다고 이쁜 내 새끼야
어디로 가붓냐 고창산 들머리를 휘적휘적 갔다 와서
가슴애피로 힘들어한 밭에 간 엄마
기다리면서 업어 키운

메리골드 피면 더더욱 생각나는
집 나가서 아직 안 돌아온 메리랑
동생 생각으로 눈에 좋은 꽃차를 만들면서
이 생각 저 생각으로 찻물 끓이는데
가만 가만히 부르는 소리

한동안 들국처럼

어제는 하루 종일 비가 내리는데
종이학을 접으며
은혜 이모 올 것 같냐고 묻기도 했지요
비 맞은 그리움이 살구꽃으로 피면
이모는 올 거야 그렇게 믿으면 온다고 했어
적막한 집에 열한 살 어른이
여문 감자처럼 자라도
쌓여 가는 기다림은 오지 않고
모난 하루 넘어 이틀
기다리지 않아도 안 오는 하루
한동안 들국처럼 우두커니 동그라미 그리며
은혜 이모 올까 안 올까 안 올까

생일

생일이 저물고 있다
무심한 듯 잊은 듯 해가 집으로
갈 때도 모르는 눈치다

복슬복슬한 하얀 강아지를 흰 두루마기 입은 할아버지가
잘 키우라고 안겨 주고 갔어야. 바느질을 하거나, 풀 먹인
이불 홑청 다듬을 때 가끔씩 말하면서 웃으셨다. 무궁화 봉
실봉실 핀 정갈한 마음이 살던 집

니 아부지는 아들을 기다린 눈치였는데 딸이라고 해서
눈이 번쩍 떠지드라 신실하니 자라서 고생을 안 하고 살 줄
알았는디 애를 쓰고 사는 것이 내가 눈을 어떻게 감을지 니
아부지 닮아서 남 어려운 것 못 보고 신도 안 신고 달려가 밥값
계산한 것 보면 꼭 아부지여. 아가 항상 니 옆에 내가 있다
생각하고 차분차분 살아 보그라 어쩌것냐 사는 것이 오래 참다
보면 좋은 날도 돌아온께

어쩌다 너를 낳았는가 내 딸로 태어나서 행복했어야 나는
니가 지금도 꽃처럼 이쁘다 근께 고생할까 봐서 책도 못 읽게

하고 글 써서 상 타 오면 딸국잖게 생각했는데 너가 좋아서
하는 일이고 고생이 아니라 해서 못 말린 것이 애틋스럽다

　　이제는 고생 안 한다고 말했지만
　　그 말을 안 믿을 것 같아
　　더 울었던 생일이 저물었다

슬픈 자화상

아침마다 긴 머리 단정하게 땋아 주면서
낮은 목소리로 이야기하였다
해찰하지 말고
바르게 걸어 다니고
인사 공손하게 잘하고
젓가락 사용 단정하게 하고
경건하지 않는 말은 하지 말아라
앞만 보고 살다 보면 좋은 날이 올 것인께

어느 날 수출하는 가발이 돈이 될 때
긴 머리 가지런하게 참빗으로 빗겨서
정성 들여 땋아 주는데 그날은
긴 머리가 길어서 아침마다 일이구나
머리카락은 또 자라니까, 하다가 아니다
어서 학교 가거라, 하셨다

며칠 후 머리카락을 팔아 돈으로
쓴다는 게 몇 푼이나 되겠냐만 나라가
어려워서 수출을 한다고 하더라

여름에는 덥고 머리 감겨서 땋는 일이
힘들 때도 있단다
머릿수건을 쓰고 밥하는 어머니도
머리카락을 자른지 몰랐다

오늘은 불이 안 들어 눈이 매웁구나

익숙해지면 편하고 좋을 거야
아주 한참 후에도 익숙해지지 않았다
다시는 가발로 수출하는 애국자 되기 싫어
단발머리로 지냈던
옛날 옛적 슬픈 자화상이
끔찍하게 날 더운 오늘 생각이 났다

신성악설

평생을 선하게 살려고 파도처럼 몸부림한
대가는 가족이 흩어지고 나서도 멈추지 않았다
힘들다는 것이 사치라는 것을
너무 빨리 알았던 지난날

선한 사람이 바보 되는 세상을 보면서
보증금 떼이고 아까운 젊은이들
바람처럼 사라져가도 누구 하나 관심이 없었다

한동안 소식이 없어 자꾸 귀가 기울더니
아버지 죽음 앞에서 할 말은 아니지만
몇 사람에게만 부고를 냈다고
덤덤한 목소리로 휘청거렸다

빚쟁이만 안 와도 호상이라고
선한 뒤끝은 한 줄기 회한으로 남아
신성악설을 유산으로 남겨 준,
사람이 재산이라고 말했던 선배에게
부고를 전할까 망설였다

돈과는 거리가 먼 성선설을 잊으려
쓴 눈물을 털어 넣는 밤
아버지 잘 보내드리고
선하게 살면 좋은 날 온다고 돌아서는데
빛이 빛으로 만나지 못하고
살아생전 비만 맞고 살았다

덕이네 고양이

모감주나무 아래에서
하루 종일 울고있다

바람 부는데
새끼들 생각나는지
밥도 안 먹고
잠도 안 잔다

보고 싶은 마음 세워
별 보고 울어 쌓는다
야아옹 야옹, 야오오옹

화정사거리에서

하루에도 몇 번씩 구름을 타고 날아갔다
다시 돌아오는 길 가방 둘러메고
타고 갈 구름을 찾아다녔다
지상으로 난 굴뚝에
굴뚝새는 보이지 않고
목이 없어진 꿈을 꾸었다
익어가는 벼 추수하지 못하고
논이 사라졌던 그해 가을은
저문 들녘에서 울고 있는 벼 이삭을
깡통에 그을려 먹은 마른 달이 배고픔을 데리고
호숭다리에서 이러지도 저러지도 못한 채
먹구름으로 살아낸 시절이 있었다

N차 혁명

개똥만 굴러도 까르르 웃던 시절
점심 먹고 5교시, 정치 경제 수업 시간
낯빛은 시커멓고 깡마른 큰 키 S대 나왔다는 소문은
맨날 귀신 씨나락 까먹는 소리 하는데
우리는 사실이 아닐 거라고
한 번씩 교탁을 탁 두드리면
졸다 깨다 마냥 웃었다
오늘은 수위가 한 단계 높아졌다
너희가 결혼할 때쯤 전기밥솥에 밥하고
물도 사 먹는 시대가 온다는 말에
공부 잘하고 착한 혜정이는 말도 안 된
소리한다며 걱정을 하였다
지금은 교실에 60명이지만
15명인 세상이 올 거라고
그래서 말인데 이왕 공부하는 것 열심히 하면 안 되겠냐

오십 년이 지난 후 우리는 후회를 한다
친구들과 만나면 지난 이야기를 하면서
그때 선생님 말씀을 들었으면 이렇게 살지 않을 텐데

나중엔 주식으로 돈 벌고 높은 아파트에서 살 거라고 했던
기억이 나서 미래학 선생님, 그나저나
살아 계실까 돌아가셨겠지
선생님이 했던 말은 하나도 안 틀리고 선견지명인데
공장에서 밥이 만들어져 나오고
세상은 넓고 할 일은 줄어들지만 행복은 멀어지고
이런저런 생각을 하면서 감을 따는데
직박구리 감나무에 앉아
후회하는 나를 보고 꼴좋다 한다

이암마을

마음 편히 느긋하게 앉아
둥근 세월을 품고 있는 곳
워메 귀님이 딸 왔네
따뜻할 때 먹으면 다 약이여
부침개 해서 점심으로 먹자
엄마들은 꽃무늬 일 바지 입고
평생 꽃처럼 살고 싶었는지 몰라
나도 꽃으로 살고 싶어서
꽃무늬 일 바지 장만했다
고무줄처럼 낭창낭창한 시간을 내서
부르면 달려가 손 보탤 일 있으면
내 일처럼 도와드리고
접시꽃 닮은 들판이랑
따순 말이 강물처럼 흐르는 아짐들이랑
하하 호호 채송화처럼 지내고 싶어서

적벽은 멀리 있다

어제는 두 다리 쭉 뻗고 울고 싶었다
적벽이 아름다워 운 적은 있지만
적벽은 멀리 있고 눈물은 가까이 있다
풀 매다 너무 더워서 풀을 이길 수 없어
심란한데 도와주지는 못해도
일은 멀리하고 일만 저지르고 있으니
올해는 독한 풀이 산발해서 엄두도 안 나는데
밥도 준비해야지 손가락은 아프제
눈물은 가까이 있고 아득한 곳에 적벽은 있다

해 지기 전에

오동꽃 피어 있는 월평으로
뒤돌아보지 말고 그냥 가자
배롱꽃 가로수 따라 행복리 저수지 지나
마지막 기차 옥수수밭 건너면
서로서로 손잡고
달도 쉬어가는 툇마루로 어서 가자

더 늦기 전에
해 지기 전에

귀엣말하는 박새 따라가면
몽실몽실 피어 있는 봉선화 반기는 곳
시푸런 풀이 가득해도 좋아라
시원한 바람이 사는 순한 집으로
내일로 미루지 말고 어서 가자

삼잎 국화 모종은 더위에 잘 있는지
금계국 수풀 사이 깻잎은 안녕한가
감나무 아래 평상에서 소월도 만나고

예초기 소리에 매미 합창하는 곳으로

해 지기 전에
더 늦기 전에

질문

지는 해가 보슬보슬 비를 맞고 있는 거야
갑자기 슬픈 거 있지
엄마도 막 보고 싶고
마음 둘 데라고는 없어서
어쩔 줄 모르는 마음을 데리고
여기저기 다녀도
비 맞고 다니면 미친년이라고 그랬어

감기 오면 기침하고 폐렴 되면
나, 죽는 거야
내가 나한테 물어보는 게 요즘 많아졌어

다행히 구불구불 고비는 넘겼지만
아직 큰 강을 건너야 해,
물살이 깊고 무서워서
바람 불면 휘청거려
발아래에는 바다가 사납게 살고 있는데
배가 고파서 해일이 높은가 몰라

다 있는 곳에 갔더니 차이 나라고 눈이 알아버려
차이 나긴 해 값도 사람도
어우렁더우렁 섞이며 살려고 했는데
교과서에만 있는 듯해
요즘은 어떻게 지내
비비새가 나를 돌보고 있어
어제는 사기당할 뻔 굼뜬 뇌가
작동을 삐걱거리며 회로를 여는 거 있지

길어진 유년을 벚나무에 걸어두고 떠났던
가끔씩 불러준 노래 듣고 돌아올 수 있을지

명옥이

수수꽃다리 피어서 기별한 지 사흘이 지나갑니다
다시 사흘이 가고 있는 사이 비가 왔습니다
꽃 지기 전 같께 말했던 약속을 지키지 못할 것 같습니다
마음도 몸도 예전 같지 않아 굼뜬 시간이 많습니다
얼굴 볼 수 있을 거라고 구름을 안고 다녔다는 수수한
그녀에게 미안했습니다 한참 말이 없더니
수수꽃다리 향기 보낼게요 미안해서 아주 많이
미안해서 전화를 한참 동안 끊지 못했습니다

제4부

순한 손

내려갈 버스를 기다리면서
두고 온 핏줄 생각하니 눈이 뜨거워진다
함박 함박 눈은 내려
시끄러운 세상을 덮어버린 어둑한 밤
우리는 어디서 왔다 어디로 가는가
눈은 마냥 퍼붓고 썰렁한 대합실에
소리 없는 뉴스만 보고 있다
무인 기계 앞에서
냉냉한 찬 기운 옷 속으로 파고들어
내일이면 새해 첫날
가지 말라고 내 손을 잡아당기는 순한 손
안 떨어지는 발을 달래면서
곧 오겠다고 돌아보면서
창가에 앉아 핏줄을 떠올려 보는
십이월 마지막 날 내일은 새해
희망은 보이지 않는데 다시 희망은 온다
적어 보는 겨울밤

그늘

동백 울음 들은 날
세상으로 가는 길이 닫혀 있었지

그늘 없는 사람 어디 있겠는가
이번 일을 지혜롭게 보내야 되겠구나

안개는 다양한 얼굴로 안부를 묻고
아쉬운 자락 펼치곤 했었지

소원 못 이루고 안개로 떠난 사람도 많아

마당에 호미와 낫은 그대로 정례는 안 보였어
밥태기 꽃만 하늘까지 닿을 기세였지

흔적도 없이 나비의 날갯짓은 사라졌고
동백 울음 들은 날 세상으로 가는 길은 멀었다

바람 없는 사람이 어디 있겠는가
뒤돌아보는 눈동자가 마음 붙잡고 놓아주지 않네

기울어 가는 노을도 지퍼를 닫았어
밥태기 꽃 먹어도 복이여, 정례 목소리
그곳에 그늘은 지워지고 길은 열려 있겠지

석류나무에 올린 조등

노인은 갯벌에 자주 나가서 해 질 때 일어났다
말하고 싶은 이야기 가득하지만 웬일인지
비가 오나 눈이 오나 마음은 먼바다를
몇 번이고 갔다 왔는가 모른다

검은머리물떼새는 동그라미 그리며
안부를 물고 다시 돌아오지만
정박 중인 배처럼 외롭게 보였다

먹이를 주지 말라는 경고문을 외면하고
살아 있는 생명을 죽으라고 할 수 없어서
어여 먹어 옳지 잘 먹네 얼어붙은 띠뿌리처럼
젊은 날을 찾으며 부리는 쉴 새 없이 바쁘고
손 내밀 곳 없는 야생을 거두어 주는 노인이
고맙기만 해서 꽁지를 흔드는데

울타리 안과 밖은 온도 차이가 있다
야생처럼 고개 넘을 때마다 아물지 않은 그날 일은
지금도 생생하니 떠올라 아내는 세상을 뜬 지 오래

그 일만 없었으면 단란한 가정을 이루었을 텐데
자식을 바다에 두고 눈을 못 감은 모습이 눈에 밟혀
석류나무에 올린 조등은 환한데
돌아오지 않는, 돌아올 수 없는지
석류는 올해도 흐드러지게 불이 환하다

동적골에서

칠전팔기와 오랜만에
꽃 보면서 걷고
쉬면서 꽃 본다

손목에 깁스한 칠전팔기는
푸른 산 되었다가
먹구름 되었다가

물소리 따라가는 마음 불안한데
배부르게 꽃 보았으니 살것다고
부러진 손목에 철심 박고 수북수북 수국꽃 지면
다시 일할 수 있을지

옳은 소리 하면서 꽃 보다가
싫은 소리 하다 걸으며
서어나무 아래 가난한 사랑이 꽃 같다

누구신지요

너무 오래 머물렀습니다
가만히 불러 보는 이름이 있어서
다행인 요즘
섬기는 일도, 사랑할 일도
잠깐, 쉬었다 가는 길
혼자면 어떻습니까

요모조모 힘들면 힘든 대로
자발적 가난을 실천 중입니다

이제 마지막 퍼즐 한 조각만
맞추면 되는 줄 알았습니다
사람들과 인연도, 가족에게 헌신한 시간도
무탈하게 지나가면 감사하지요

조금 부족하면 부족한 대로
남루하면 남루한 대로
홍매화 피었는데,
곧 사과꽃 소식 기다리는 중입니다

아빠의 청춘

수제비 끓고 있는 사이 함박눈 온다
아프고 숨만 쉬는 굼뜬씨
모처럼 눈이 내려서 좋은지
갑자기 아빠의 청춘 부라보 부라보
오랜만에 사람 사는 집 같다

수제비 알맞게 끓여놓고 수저 놓는 사이
눈은 펄펄 내리고
반쯤 감긴 눈으로 눈이 내리네

궁금한 소식은 눈에 덮이고
수제비 좋아하던 사람 생각나는지
느린 안부를 묻는다

수제비 먹고 수지맞은 날인가
또 아빠의 청춘 부라보 부라보
저녁 내내 근심을 덮어 주는 눈은 내리고

705호

겨울 내내 미친 듯이 올라 다녔다
밤이고
낮이고
아침이고

봄 내내 헐레벌떡 내려 다녔다
새벽이고
오후고
저녁이고

김장도 못 한 채 헉헉거리며 다녔다
밥 먹는 것도
시 쓰는 것도
잠자는 것도 잊은 채

겨우 한 걸음 두 걸음 세 걸음
이제 한 발 두 발 세 발
손잡고 손자 손녀 보러 간다

큰 달이 뜬다는데

뜬금없이 큰 달이 뜬다고 달려갔다
큰 달은 보이지 않아 사람들은 구름 탓을 하고
사 온 김밥도 그대로, 구름에 가린 달을 찾느라
어린 과학자를 챙기면서 한밤중에 사람들 달 찾느라
망원경 들고 야단법석이다

바다에 버린 핵폐기물 둥둥 떠오른 저녁
한 방향으로 걸어간 함성 소리
어떻게 찾은 나라인 줄 아느냐고
입으로 말해서 되는 일은 아니라고

슈퍼 문이 뜬다고요 아주아주 큰 달이 뜬다고 했어요
구름을 뚫고 나와 천지를 흔드는데
큰 달을 못 보고 흩어지면서
달도 없구만 뭔 청승이냐고 그 달이 그 달이제
아이들만 힘없이 집으로 가면서 큰 달이 뜬다고 했는데
아쉬운지 자꾸 큰 달이 안 보인다고

흰

철철철 비 쏟아지는데
쓸쓸한 일기 쓰다 뛰어가네
바쁜 일 뒤로하고 발은 안 떨어지는데
빗방울 데리고 버스는 달리네
비 맞는 나무 사이로 울울창창 이야기 쌓인 길
가로수에 푸른 말 쌓이네
바람까지 부는데 빗방울 또르르
어린 빗방울 안고 달리네
함께 갈 수 없는
흰 마음 올린 오월은 가고

적요

소낙비만 피하면
앞이 보일 것 같습니다만
사람 일이 언제 마음대로 되던가요

비 오면 바람 불고
바람 불면 비 오고
눈 그치면 복수초 피어
그나마 다행이지요

소낙비만 피하고 가면
숨 돌릴 수 있으련만
앞날은 캄캄하고
사람 사는 일이 마음대로 되던가요

꽃 피면 바람 불고
바람 그치면 꽃 지고
느리게라도 벼는 자라고 있으니
참으로 다행이지요

시인의 아내*

거의 잠을 못 잤다
기차표가 새벽 5시 12분 한 장
입고 갈 흰 블라우스와 검정 상하의
간단한 소지품 챙기고 인적이 끊긴 새벽
사방은 캄캄하다
몇 번 무리라는 걸 알면서 분당은 낯설었다
시인의 아내께서 선종하셨다
살아 계실 때 뵙고 싶었는데 돌아가셔서 가는 길
꽃을 올리고 기도를 하였다
시로써 삶을 완성한 거대한 뿌리를
한마음으로 헌신한 시인의 아내
빈속을 달래며 긴장이 풀린지
잠이 쏟아지면서 배가 고프다
휘둥그레진 하루가 덕담을 하며 손을 잡는다

---

* 김수영 시인(1921~1968)의 아내 김현경 여사님(1927~2025)께서 99세로 2025년 5
  월 22일 타계하셨다.

아득하여라

보튼 약을 먹으면서 강의를 다니는데
어린것이 입을 쭈뼛쭈뼛
엄마를 찾고 있는 줄 알면서도
밤낮으로 일하고 나면
그런대로 근심은 없을 줄 알았다
그래서 더 열심히 일했는지 모른다

보튼 약을 먹어도 쉽게 마르지 않고
어린것이 엄마 부르는 눈물처럼
늘 척척한 마음으로 살았다

내 발등을 찍고 싶은 절망과
소태 같은 시를 버리지 못하고
늦은 저녁 연민과 후회를 메고
벨을 누른다

엄마를 찾던 눈물을 보듬고
쉽게 하루를 닫지 못한 채
흐르는 젖처럼 젖어서 울던 날

엄마 왔는데 공갈 젖꼭지 물고 자네
이쁜 내 강생이를 보듬고
하염없이 희망을 기다렸던

붉은 젖을 먹이면 고개 젖히며 울어 쌓고
배고픔으로 흐르는 그런 저녁이 여러 날 지나갔다

담벼락 유치원

도란도란 벽돌 의자에 앉아

지는 해 안고

알록달록 숙제 마친

이빨 빠진 노을이

근심 걱정 졸업하고 너무 좋아라

손으로 문지른 사과 한 입

간식 시간 즐거운 담벼락 유치원

직소로 간다

깨달음은 후회와 함께 오는가
철들자 부모님 슬픔을 나눠 가졌다

단풍 보러 가자고 따라나선 낮은 후회와
하늘에 묻히고 싶다는 생각을 데리고
순한 마음이 될 때까지
함께하자고 약속했다
찬밥 한 덩이 위로처럼
더 많은 수고를 하면
찐득한 사랑은 다시 돌아올까

안부를 묻지 못해 미안했어
사는 거 바빠 아픈 줄도 몰랐네
후회를 물고 직소로 간다

봄비

올 때마다 마음이 다르다

오늘은 조심스러이 사분사분 말을 해서

귀를 낮게 아주 낮게 내려놓아야 들린다

낮은 자리로 내려가 먼지를 닦았더니

그제서야 차분차분 말하기 시작했다

해설

실존의 우울을 넘어 사과꽃을 기다리는 시

고재종 시인

함진원 시인은 그간 『인적 드문 숲길은 시작되었네』, 『푸성귀 한 잎 집으로 가고 있다』, 『눈 맑은 낙타를 만났다』 등의 시집을 낸 중견시인이다. 3권의 시집을 통해 그간 고향과 부모, 개와 고양이 이야기, 누구에게나 있는 삶의 우여곡절을 진솔하고 진정성 있게 노래해왔다.

나는 함진원의 세 번째 시집 표사에서 시인의 시를 "절룩이는 시간과 죽음의 통로를 거쳐/겨우 달리는 꿈"을 꾸는 사람의 시라고 한 적이 있다. "울어서 될 일이면 날마다 울겠지만/울어서 될 일"은 아니기에 숨죽여 우느라 시의 미학까지 죄다 먹어치워 버렸다고도 했다.

"그래, 이런 지경에서 시가 무슨 대수인가? '한 나무가 쓰러지면 옆에 나무들 따라서/시들어가기에' 서서 밥 먹으며, 야간 일로 집에 들어가지도 못하고 사는 사람의 원망과 미움과 '돌덩이처럼/진드기처럼/단물 빠진 껌처럼' 달라붙는 상처를 다만 보아라. 그러다 보면 '길이 없을 때 길을 만들고/길 잃었을 때 눈 맑은 낙타를' 만나게 되는 비법을 함진원 스스로 잘 일궈내고 있다는 것을 곧 알게 되리라. 비로소 이쯤에서야 시는 정녕 살아야 할 의미를 못 느껴 죽고 싶다는 사람들을 '엄마 같은 마음'으로 달래는 이야기가 되고 노래가 되기도 한다."고 한 것이다.

함진원의 이번 네 번째 시집도 전작 시집의 연장선에 있는 시들이 많다. 그런가 하면 개인적이고 실존적인 여러 고통을 사회의식과 종교적 신앙으로 승화시키려는 의지의 시도 다수 있다. 이는 시인이 얼마만큼의 의지로 이 고단한 인생의 강을 건너가고 있는지를 잘 보여 준다. 그의 실존의식은 철학적인 깊이에까지 천착하며 감동적 사유를 보여 주는가 하면, 개인의 문제를 사회문제에까지 결부시켜 삶의 고독을 이웃에 대한 연대로 극복해내려는 안간힘을 경이롭게 표현해내기도 한다.

1

함진원의 시집 1부에 수록된 「가을이 돌아서서 울었다」라는 시엔 "사람은 무엇으로 사는가 혼자서 묻는/똑같은 시간"이라는 꽤 심각하고 철학적인 문장이 있다. 그런 시간 속에서 "딱히 갈 데는 없는데 한 번씩 가끔 속이 뒤집어지는 날/맥없이" 힘들다고 탄식한다. 사람들은 이제 살 만하고 집안에 평온이 가득해도 가을이 되면 가을도 돌아서서 울 정도로 왜 우울해질까? 그렇게 '속이 뒤집어지는 날'은 화순, 율포, 고흥, 만연산, 운주사, 보성녹차밭을 죄다 둘러보고 곡성장 순대국, 무등산 이서 커피 등을 먹고 마셔 봐도 가을은 여전히 돌아서서 운다. 왜 그럴까?

> 와온에 스미고 싶어
>
> 알람 소리 못 듣는
> 죽음보다 깊은 잠, 자고 싶어
> 막막한 불안이 없다면 거짓말이야
> 형벌 같은 일이지
> 인간애가 없으니
> 아무 맛도 나지 않는
> 기계로 산 지 오래
>
> ─「사막여우 속눈썹은 잘 있을까」 부분

이 시에선 우선 '막막한 불안'이 시적화자에게 형벌처럼 임한 지 오래이다. 그 불안을 피해 알람 소리도 없는 '와온' 같은 데서 죽음보다 깊은 잠을 자고 싶다는 바람은 너무도 절실해 보인다. 왜 이렇게 막막한 불안은 사람을 괴롭히는 걸까? 서두의 우울함도 마음의 불안에서 오는 것임에 분명하다. 중년 넘어 사람들이 불안을 느끼게 되는 것은 나이 들어가면서 오는 건강에 대한 불안, 그리고 경제와 연관된 미래에 대한 불안, 매너리즘에 빠져 메말라가는 사랑에서 오는 불안, 그리고 작가라면 상상력의 고갈 때문에 더는 작품을 쓰지 못할 것 같은 생각에서 오는 불안 등등 다양한 이유 때문이다.

알랭 드 보통은 불안을 하나의 '욕망'으로 보았다. "우리가 현재의 모습이 아닌 다른 모습일 수도 있다는 느낌, 우리가 동등하다고 여기는 사람들이 우리보다 더 나은 모습을 보일 때 받는 느낌, 이것이야말로 불안의 원천이다."고 한다. 그러니까 한때 나도 누구 못지않게 잘나가고 남이 부러워할 정도로 돈도 벌었는데, 또 집안에서나 대인관계에서는 항상 사랑의 아이콘처럼 대접을 받았었는데, 어느 날 사회에서 밀려나 모든 구성원으로부터 완전히 무시를 당하는 기분이 들고, 또한 가정이나 인간관계에서도 "인간애가 없으니/아무 맛도 나지 않는/기계로 산 지 오래"인 처지가 돼버린 것이다.

이러다 보니 "사람 사는 것이 마음대로 되지 않는 게 많"(「약속은 꿈으로 남고」)고, "내 그림자 보고 놀라면서 살"며 "젊음이 가버렸다고 망초꽃 앞에서 울기도"(「망초꽃 앞에서」) 한다. 그래서 "이제는 스스로 내가 나를 보호자 되어 주고 싶은 날"(「내일은 없다」)이 생기기도 한다. 이런 불안을 사람들은 대개 심리 상태나 병리적 감정으로 여긴다. 그런 사람들을 위해 인간은 근본적으로 불안을 안고 태어나고, 불안하기 때문에 살아 있는 존재라고 역설적으로 말해 주는 철학도 있다.

하이데거는 불안을 존재론으로 여겼다. 불안은 단순히 심리나 병리 문제가 아니라 "인간존재의 본질적 감정이자 실존적 사건"으로 보는 것이다. 그 불안 때문에 사람들은 자기 존재에 대해 근본적인 질문을 던지게 되며 세계와 자기 자신과의 관계를 새롭게 드러내는 출발점을 갖게 된다는 것이다. 이 글 서두에서 시인이 '사람은 무엇으로 사는가'라는 꽤 근본적인 질문을 하는 것도 불안이라는 하나의 실존적 사건 때문에 생겨난 삶의 정체성, 삶의 의미성을 찾고자 하는 것임에 다름 아니다.

그런데 이런 불안에는 죽음의식이 항상 수반되기 마련이다. 죽음에 대한 불안이다.

어제는 커피로 살았고

오늘은 배고픈 슬픔이 집까지 따라왔다
오전에는 비가 쏟아져 도서관에 못 갔고
오후는 언제 그랬냐 해가 짱짱하다

호미 들고 마당에 나갔지만
풀도 살고
나도 살자고
단풍나무 아래서 살구는 열까 안 열까
궁리하다 스르르 잠이 왔다

옥수수는 키만 자라고
장마와 상관없이
백일홍은 붉어진 주머니를 열었다
세상은 점점 힘들어지는데
그래도 밥을 했다

죽음은 홀연히 찾아들 텐데
된장국에 수저 적시는 소리
살아 있어서 좋은지
고통인지 알 수 없는
아득한 여름이 휘청거리며 땀을 흘린다

—「뜨락」 전문

이 시는 3연까지는 시적화자의 일상이 평이하게 서술되어 있다. 커피와 배고픈 슬픔과 비 때문에 못 간 도서관 일, 그리고 오늘은 해가 쨍쨍해서 마당의 풀을 매고 단풍나무와 살구나무까지 헤아리다 조는 일까지, 더 나아가 키만 자라는 옥수수와 장마통에서도 피어난 백일홍꽃 일 등등 모두 나날의 일상 속에서 일어나고 겪는 일들이다. 거기에 누구나 하는 '밥하는 일'까지 말이다.

그런데 왜 "밥을 했다"는 말 앞에 "그래도"라는, '앞 내용을 받아들일 만하지만 그럴 수 없거나 그렇지 않음을 나타날 때 쓰는 말'을 썼을까? 앞에 열거된 하루의 일상이 못마땅하거나 혹은 본래적인 자기 일들이 아닌데 어쩔 수 없이 하는 일들이라고 생각했기 때문에 그랬을까? 그 의문에 대한 답은 의외로 쉽게 찾을 수 있다. 바로 마지막 연이 그 답이기 때문이다. "죽음은 홀연히 찾아들 텐데"라는 구절에서 알 수 있듯 죽음에 대한 불안 때문이다. 곧 찾아올 죽음 앞에서 된장국에 수저 적시는 소리나 내고 있는 모습, 이렇게 살아서 좋은 건지 고통인지조차 알 수 없다는 생각, 그것의 배경에 죽음에 대한 불안이 도사리고 있는 것이다.

다른 시 「집은 멀리 있다」에서는 "고래 심줄보다 질긴/썩어 문드러진 속" 때문에 실제로 죽음의지를 결행하고자 한 적도 있다.

저기 보이는 곳이 무릉이야,

어린 눈물에게 같이 갈까

눈물도 아픔도 없는 저곳을 가리킨다

아이의 뒷걸음치는 놀란 눈을 보고는

니가 에미냐 살라고 해야지 살라고 하면 왜 못 살아

시푸런 저 물도 떨어질 때는

온몸이 멍뿐이어도 말없이 자기 일을 하는데

죽을힘으로 살아 이렇게 좋은 세상에서 암만 살아야지

제 할 일에 열심인

단풍나무를 보고서야 살아야지

－「집은 멀리 있다」 부분

어쩌면 썩어 문드러진 속 때문에 어린아이를 데리고 눈물도 아픔도 없는 저기 '무릉'을 향해 가고 싶었지만 마음속에 계시는 어머니거나 양심이 나타나 "니가 에미냐? 살라고 해야지!"라는 호통 한마디에 죽을힘으로 살아 보겠다는 다짐을 한다. 폭포도 떨어질 때는 온몸이 부서지고 멍이 들어도 자기 일을 굳건히 해내는 모습을 보며 말이다. 한마디로 불안과 우울과 타나토스는 삼위일체다. 한 몸의 세 가지 의식으로 대개는 동시에 온다.

그런데 하이데거는 이 죽음의식이나 의지도 인간의 고유한 본질이라고 생각한다. 죽음은 각자 존재에게 가장 고유하고 누구도 대신할 수 없으며 필연적이지만 언제인지 알 수 없는 가능성이라고 한다. "비본래적 삶은 죽음을 먼 미래의 일로 회피하며 타자화하지만 본래적인 존재는 죽음을 자신의 가장 고유한 가능성으로 받아들인다."는 것이다. 그래서 죽음은 각자 개인에게 단순한 사건이 아니라 자기를 이해하는 방식이다. 사람은 죽음 의식이 있기 때문에 자기 성찰과, 자기 이해와, 자기 긍정을 해나간다. 죽기 때문에 오늘을 빛나게 살려고 하고, 타자와의 관계를 사랑으로 채우려고 한다.

가을비 그치고 모란잎 바래어가네

마른 잎 기억 사이로 한 자락 무너진 꿈이

삐죽이 나와 먼 마을로 가는데

구붓한디 입맛 다실 부침개는 없는가

부추 양파 양배추 없는 거 빼고 다 넣어

빗나간 허세 밑줄 그어가며

고집부리며 내 말은 좀체 안 듣더니

거기에 더 짙은 밑줄, 부침개는 노릇노릇 익어가는데

오늘은 약간 쌀쌀하고 차분차분하여

축복의 언어가 곁에 머문 기분 좋은 한마음

신산한 겨울 초입에 반가운 얼굴 식탁에 앉는다

어서 와 오는 길 안 추웠어 따뜻할 때 먹으렴

때마침 들어서는 아들의 배경으로

모란잎은 그늘로 남고 눈물은 가슴으로 저민다

―「모란잎 가을비」 전문

함진원의 이번 시집 1부는 삶의 불안, 우울, 죽음의식 등
의 시가 대부분인데 「모란잎 가을비」는 표면적으로는 따뜻한
모성이 발현된 시이다. 불안이나 우울에서 왔건 타나토스에
서 왔건 시적화자가 그 심리나 정신병리를 관통하며 사람이
란 무엇으로 사는가, 잃어버린 나를 찾고 싶은데 어디 가서
찾나, 하는 등의 자기 자신의 정체성 찾기나 삶의 의미성 찾
기에 몸부림을 보이는 시이다. 그 몸부림과 함께 깨친 답은
결국 시적화자의 위대한 모성에 대한 자각 한마디, "어서 와
오는 길 안 추웠어 따뜻할 때 먹으렴"이라는 말은 모든 초목
을 말려 죽이는 가을 찬비를 헤치고 집으로 돌아오는 인류의
모든 사람에게 구원의 원형상징 같은 말이 되고도 충분히 남
는 것이다.

2

함진원 시인이 시집 1부에서 누구에게라도 임할 수 있는

불안, 우울, 죽음의지를 관통하고 삶의 의미 찾기, 정체성 찾기에 매진하는 시들을 살펴보았다. 이런 시들은 극히 실존적인 시들이기에 개인성에 바탕을 둔 것들이 많다. 한데 함진원이 이런 실존 의식의 시보다 사회 정치학적 상상력의 시에서 좀 더 신이 난다는 사실을 시집 2부에서 확인할 수 있다.

> 솔부엉이는 산으로 가고
>
> 산양은 울타리 넘어 들판으로 가고
>
> 우리는 산으로, 들판으로 못 가고
>
> 양심을 들고 광장으로 간다
>
> ― 「희망」 전문

광장에 나서는 서시 같은 시 '희망'이다. 솔부엉이는 산이 집이니까 산으로 가고, 산양도 울타리를 탈출해서 자유의 들판으로 간다. 그런데 우리는 산으로, 들판으로, 일터로 가지 못하고 아스팔트 광장으로 간다. 그 광장에는 계엄령에 항의하기 위해 트랙터며 온갖 농기구를 몰고 남태령 고개를 넘는 민중들의 모습이 있고(「부드러운 고드름」), 천막 농성

장에 가기 위해 "뜨건 된장국에 밥 말아서/묵은지 얹어 훌훌
먹는" 아침이 있고(「바디메오 목소리」), "살고자 하면 죽고/
죽고자 하면 사는/아우내 만세 소리"가 있고(「비에 젖은 것
들은 그리움으로 온다」), 쫓기고 쫓긴 동학군들의 절체절명
의 순간이 있고(「하늘은 있다는 말」), 소식이 없는 오월행불
자를 기다리며 아리랑을 목청껏 부르는 날이 있다(「아리랑을
부른 날」).

하지만 입춘이 지났어도 춥기는 여전히 춥고, "땅에는 슬
픔을 먹고 자란 억울함을 싣고/키만 멀뚱히 큰 세상이 어지
럽게 돌고 있다"(「비비새가 비비비 우네」). 그런가 하면 "무
궁화 삼천 리 목메게 불렀을/가슴 시린 망향의 설움으로/조
국 땅에 왔건만"(「붉은 울음」) 못난 정권 담당자들에 의해 온
갖 구설에 휩싸인 홍범도 장군은 자꾸만 울고 있다. 그럼에
도 "절명시 남기고 요절한 곧은 절개 앞에서/진실은 예나 지
금이나 변함이 없다는 것을"(「사는 일 힘들면 어디엔들 못
가랴」) 능주 지나 몽탄으로 가는 밤기차 속에서 되뇐다.

밥시간을 놓치고 간단한 한 끼로는 빵과 우유, 아니면 샌
드위치와 커피 한 잔으로 숨을 고르고 잠깐이라도 의자에
허리를 대고 다음 일을 위해 나가는 하나의 쉼터에 요즘 가
지 않는다 대체식이 마땅하지 않으면 집에서 당근 몇 조각
과일 조금 광장이나 도서관 휴게실을 이용하면서 불편을 자

주 연습하면 편리로 바뀌는 것을 알게 된 후 외출이 힘들지 않다 또 사고가 또, 또, 또또 자본의 민낯이 드러날 때마다 고쳐지지 않는 혼자서 일하다 생기는 사고들. 지배 구조는 돈을 쓸어 모아 최상의 삶을 살아도 법은 어디로 갔는지 인간은 법 앞에 평등하다는 것을 앵무새처럼 말하지만 법은 힘 있는 사람들의 방패막인가 성실히 일한 죄밖에 없는데 아무리 발버둥 치며 살아도 적막한, 하나밖에 없는 목숨을 지키는 법. 완반기로 쓸려 갈 때 인간은 야누스, 이제라도 인간답게 살아 봐야죠 거기 누구 없소 억울하다고 소리내지도 못한 세상에서 죽음으로 생을 마감했는데 먼지도 못 가져가는 거 알면서 왜 모른 척 혼자만 잘살면 그만인가요

— 「또, 또또」 전문

앞에 열거된 시들이 대개 관념적이고 예술성의 옷을 모두 벗어버린 뒤 육탄전이라도 벌일 듯 구호성이 높은 시들인데, 위 시 「또, 또또」는 여러 사업체에서 혼자 일하다 기계에 끼어 목숨을 잃는 노동자들의 고통과 분노에 대해 쓴 시이다. '또, 또또'라고 '어떤 사태나 행동이 거듭하여'는 뜻의 연결어가 세 번이나 씌인 이 시는 어떤 사고가 터지면 기업이나 정부당국에선 그런 일이 없도록 철저히 관리 감독하겠다며 온갖 설레발을 쳐도 똑같은 사고는 계속 일어나곤 하는 것을 질타한다. 이걸 또 '안전 불감증'이니 뭐니 하며 정부를

117

비롯 사방에서 회사에 책임을 묻고 패널티를 주겠다며 엄포를 놓지만 '또, 또또, 또또또---'는 계속된다. 그래서 "하나밖에 없는 목숨을 지키는 법"은 이 세상에 없다. "이제라도 인간답게 살아 봐야죠. 거기 누구 없소"하고 "억울하다고 소리 내지도 못한 세상에서 죽음으로 생을 마감"하는 것만이 유일한 답이 되어버린 것이다. 이것이 '자본의 민낯'이다. 이것이 돈을 쓸어 담는 지배구조의 방식이다. 2인 1조의 인원 배치만 제대로 해도 죽지 않을 노동자들이 1인 노동자에게만 임금을 주겠다는 사장들의 사악한 욕심 때문에 사람이 또, 또또 죽어가도 아랑곳 않는 방식 말이다.

함진원 시인은 이런 노동자들의 위한 싸움의 광장에도 자주 나간다. 거기 나가서 싸움도 싸움이지만, 어느 광장에나 있는 대모답게 마음도 크게 베푸는 모양이다.

큰 지출을 하고 나면
아픈 얼굴을 살필 때 있다

광장에서 한마음으로 간절히 외치면서
속이 타는 날 누군가 마음을 열어야 할 때
기분 좋은 마음으로 따순 밥 대접하고
집으로 돌아와
가슴 쓸어내린 저녁

달그락거리며 밥을 먹으면서

잘했네 누군가 주머니 여는 것이 힘들 텐데

당신이 했으니 좋은 일이지

－「당신이 했으니 좋은 일이지」 부분

광장에 나가 큰 지출을 한다. 아마 광장의 천막농성장에
서 함께 구호를 외치다가 밥시간을 놓치고 간단한 한 끼로
빵과 우유, 아니면 샌드위치와 커피 한 잔으로 모두들 숨을
골라야 할 처지에 놓였을 때 시인은 나름 큰 지출을 해서 그
들에게 한 끼를 든든히 먹인 모양이다. 그럴 때면 아파서 집
에 있는 사람의 눈치가 보인다. "광장에서 한마음으로 간절
히 외치면서/속이 타는 날 누군가 마음을 열어야 할 때/기분
좋은 마음으로 따순 밥 대접"을 했지만, 그 대모다운 마음도
집의 눈치가 보일 것은 자명하다. 그런데 저녁밥상에서 그
아픈 사람이 "잘했네 누군가 주머니 여는 것이 힘들 텐데/당
신이 했으니 좋은 일이지"라고 한마디 해주니 이 얼마나 안
심되고 따뜻하고 아름다운 말인가. 그 잘했다고 하는 게 더
미안한 마음이지만, 곧 봄을 만나 편안한 일상을 기다리는
싸움에 격려가 되고 또 된다.

세상과 섞이지 못한 날

몇 잎의 서러운 이야기를 보듬고 길을 나선다

강물이 불러 주는 대로 일정을 적고

마음 상한 일 덜어내며

미루나무도 목젖 보이게 웃는 따스한 그곳

이번 생은 아무리 골똘히 생각해도

잘못 든 길에서 허우적거리다 지친

얼룩진 상처 누군들 없겠는가

풍경은 또 다른 풍경으로 평온을 주고

어제는 실천이 부족했으며

오늘은 먹먹한 소식 넘치는데

하늘은 높고 어린 모 다릿심 짱짱하게

오월의 비망록을 받들고 있다

비바람 들이치는 날

메타세쿼이아 푸른 말 따라가면 외따로이

절명시 남기고 요절한 곧은 절개 앞에서

진실은 예나 지금이나 변함없다는 것을

느린 밤기차는 능주 지나 몽탄으로 더 먼 곳까지

우리들의 연대기는 새롭지 못하였고

지리멸렬함으로 남아 지혜는 부족한 시절

사는 일 힘들면 어디엔들 못 가랴

— 「사는 일 힘들면 어디엔들 못 가랴」 전문

함진원의 이번 시집에서 가장 유려하고 아름다운 시이다. 실존적 불안과 우울 그리고 타나토스를 이기고 사회적 정치적 사건이 터질 때마다 광장으로, 천막농성장으로, 남태령으로, 아우내로 달려가곤 해서 그 현장의 아픔에 힘껏 동참하는 시인의 거쿨진 행보가 참으로 아름답다. 하지만 그런 속에서도 서러운 이야기, 마음 상한 일, 얼룩진 상처, 먹먹한 소식 등 지리멸렬함으로 남은 사는 일, 힘든 일은 왜 없겠는가. 그럴 때면 "어디엔들 못 가랴"하는 심정으로 "강물이 불러 주는 대로 일정을 적고" "미루나무도 목젖 보이게 웃는 따스한 그곳"을 찾아 길을 나서면 "풍경은 또 다른 풍경으로 평온을 주고" "하늘은 높고 어린 모 다릿심 짱짱하게/오월의 비망록을 받들고 있"는 모습이 눈앞 가득 펼쳐진다. 이 길을 가며 "잘못 든 길"에서 허우적거리던 상처를 씻고, 실천이 부족했던 어제를 성찰하며, 마침내 "메타세쿼이아 푸른 말 따라가면 외따로이" 있는 마을에서 "절명시 남기고 요절한 곧은 절개 앞에서/진실은 예나 지금이나 변함없다는 것을" 새삼 확인한다. 비록 "우리들의 연대기는 새롭지 못하였고/지리멸렬함으로 남아 지혜는 부족한 시절"이었지만 예나 지금이나 변함없는 진실을 찾아서는 느린 밤의 기차가 "능주 지나 몽탄으로 더 먼 곳까지" 어디엔들 못 갈 것이냐는 말이다. 너무도 당당한 말이다.

"인간의 영혼이 불가지의 것이라는 사실을 인식하는 것

은 지혜가 도달할 수 있는 궁극적인 성취이다. 최후의 미스터리는 우리 자신이기 때문이다. 우리가 아무리 저울로 태양의 무게를 달고, 달의 이동 거리를 재고, 별 하나하나까지 따져 일곱 하늘의 지도를 완성하더라도 우리 자신은 여전히 미스터리로 남아 있다. 어느 누가 자기 영혼의 궤도를 측정할 수 있겠는가?"(오스카 와일드) 함진원 시인은 이번 시집에서 개인의 우울을 삶의 사회적 실천으로 극복하는 모습을 부단히 보인다. 하지만 오스카 와일드의 말대로 우리들은 우리 자신의 영혼을 측정할 수 없다. 개인의 불안과 우울을 통해서 삶의 의미를 되돌아보며 사는 소승적 방식이 있었다. 그리고 그것을 이겨내는 방식으로 광장에 나아가 불의와 부조리에 맞서 싸우는 이웃들과의 뜨거운 연대를 한 대승적 방식도 있었다. 하지만 그게 다일 수는 없다. 우리들은 우리 자신의 진실에 대한 판단이 옳았는가, 과학적으로 실천적으로 증명을 하고자 해도 여전히 미스터리로 남아 있는 우리 영혼의 궤도를 한 치도 측정할 수 없다. 그래서 마지막으로 거론하고 싶은 순명의 시가 나오는 것이다.

너무 오래 머물렀습니다
가만히 불러 보는 이름이 있어서
다행인 요즘
섬기는 일도, 사랑할 일도

잠깐, 쉬었다 가는 길
혼자면 어떻습니까

요모조모 힘들면 힘든 대로
자발적 가난을 실천 중입니다

이제 마지막 퍼즐 한 조각만
맞추면 되는 줄 알았습니다
사람들과 인연도, 가족에게 헌신한 시간도
무탈하게 지나가면 감사하지요

조금 부족하면 부족한 대로
남루하면 남루한 대로
홍매화 피었는데,
곧 사과꽃 소식 기다리는 중입니다

                       – 「누구신지요」 전문

  이 시는 무척 아름답다. 너무 오래 머물렀지만 "가만히 불러 보는 이름이 있어서/다행인 요즘"이다. 가만히 불러 보는, 그 이름은 과연 누구일까? '섬기는 일'을 한다는 것 보니 시인이 혹여 신앙하는 그분일까? "사랑할 일"은 그분의 뜻대로 이웃을 사랑하는 일을 가리킬까? 흔히 인생을 나그네

길로 비유하는데, 그렇다면 사실 이 지상에서의 삶은 잠깐 쉬어가는 것 정도가 되는 것이겠다. 그러니 그 길이 혼자의 길인들 어떻겠느냐? 이런 담담한 마음의 표현은 달관의 경지에 있을 때 나오는 것이다. 더구나 "요모조모 힘들면 힘든 대로/자발적 가난을 실천 중"인 걸로 보아 그분이 가르친 인욕과 순종과 청빈의 삶을 자발적으로 살아가는 지금이라는 걸 보면 말이다.

"이제 마지막 퍼즐 한 조각만/맞추면 되는 줄 알"고 있다. 그 마지막 퍼즐은 또 무엇일까? 보통 사람들이라면 태어나서 공부하고 직장 잡고 결혼하고 아들딸 잘 낳고 또 그 아이들 성가시키고 은퇴하고 연금 받으며 건강하고 무탈하게 살다가 그분에 대한 조화로운 신앙 안에서 '아름답게 삶을 마치는 일'이 마지막 퍼즐 조각일 것이다. 그런데 시인의 그 마지막 퍼즐 한 조각은 무엇일까? 아마도 "사람들과 인연도, 가족에게 헌신한 시간도/무탈하게 지나가면 감사"할 일이니, 아마 그것이 아닐까 생각이 들기도 한다. "조금 부족하면 부족한 대로/남루하면 남루한 대로/홍매화 피었는데,/곧 사과꽃 소식 기다리는" 겸허하고 청빈한 자세로 자연의 섭리에 따라 사는 삶, 곧 자연의 이치를 운영하시는 그분의 꽃 소식을 들으며 살겠다는 아름다운 마음이다.

함진원 시인은 이번 시집에서 실존적 불안과 우울 그리고 타나토스를 사회정치학적 상상력으로 거뜬히 이겨내며 삶을 다진다. 그런데 그 다진 삶이 어떤 욕망을 거침없이 드러내는 세속적 방식이라기보다, 섬기고 사랑하고 자발적 가난의 길을 가는 순명의 삶이다. 그래서 사람들과의 인연도, 가족에게 헌신하는 시간도 힘들면 힘든 대로, 부족하면 부족한 대로 가꾸며 홍매화 피고 사과꽃 기다리는 자연의 이법을 따르고자 한다. 바로 그것이 '가만히 불러 보는 이름'의 그분에게 '섬기는 일' '사랑하는 일'이 되는 것이다. 함진원 시인의 결론은 참으로 아름답다.

함진원

전남 함평에서 태어났다. 조선대학교 대학원 국어국문학과를 졸업했다. 1995년 〈무등일보〉
신춘문예에 시 「그해 여름의 사투리 諷」가 당선되면서 작품 활동을 시작했다. 시집 『인적 드문
숲길은 시작되었네』, 『푸성귀 한 잎 집으로 가고 있다』, 『눈 맑은 낙타를 만났다』를 펴냈다. 연
구서로 『김현승 시의 이미지 연구』가 있다. 기린 독서문화교육원을 설립하고 기린 작은 도서
관을 운영하면서 치유 글쓰기와 책 읽기 독서 모임을 하는 등 책 읽는 사회 만들기 운동을 하
고 있다.

e-mail｜hjw4273@hanmail.net

문학들시선 069

가만히 불러 보는 이름

초판1쇄 찍은 날 ｜ 2025년 11월 17일
초판1쇄 펴낸 날 ｜ 2025년 11월 24일

지은이 ｜ 함진원
펴낸이 ｜ 송광룡
펴낸곳 ｜ 문학들
등록 ｜ 2005년 8월 24일 제2005 1-2호
주소 ｜ 61489 광주광역시 동구 천변우로 487(학동) 2층
전화 ｜ 062-651-6968
팩스 ｜ 062-651-9690
전자우편 ｜ munhakdle@daum.net
블로그 ｜ blog.naver.com/munhakdlesimmian

ⓒ 함진원 2025
ISBN 979-11-94544-20-3 03810

• 잘못된 책은 바꿔드립니다.
• 이 책 내용의 전부 또는 일부를 재사용하려면
  반드시 저작권자와 문학들의 동의를 받아야 합니다.
• 책값은 뒤표지에 표시되어 있습니다.
• 이 책은 🏛️광주광역시, 🏛️광주문화재단 의 지역문화예술특성화지원사업으로
  지원 받아 발간되었습니다.